Fröhlich-bunte Herbstdeko

Der Herbst ist meine liebste Jahreszeit! Denn wenn die Sonne scheint, ist draußen alles so herrlich bunt und farbenfroh. Bei jedem Waldspaziergang fallen mir da Motive für Fensterbilder ein: vom wandernden Fuchs, dem Waschbär, der das Wildschwein zum Baden überreden will, von vernaschten Mäuschen im Weinberg oder von einer tierischen Bootsfahrt im Blätterschiff.

Aber sogar Regen oder Nebelschwaden kann man etwas abgewinnen. Mich erinnert das immer an meine Urlaube in Schottland!

Auch Halloween ich ein tolles Fest: Ein rollerfahrendes Gespenst, zaubertrankbrauende Hexen oder ein gruseliger Vampir mit Fledermäusen passen da gut dazu.

Alle meine Ideen für Fensterbilder und Dekorationen aus gängigen Papieren sollen Sie nun auch auf einen schönen Herbst und ein schauriges Halloweenfest einstimmen. Haben Sie viel Spaß beim Nachbasteln!

Ihre Christiane Steffan

Die Motive lassen sich in folgende Schwierigkeitsgrade unterteilen:

● ○ ○ einfach ● ● ○ etwas schwieriger ● ● ● anspruchsvoll

IHRE GRUNDAUSSTATTUNG

Diese Materialien und Hilfsmittel werden oft benötigt und sollten vorhanden sein. Sie werden in den Materiallisten nicht gesondert aufgeführt.

- festes Transparentpapier (für Schablonen)
- weicher Bleistift, Spitzer, Radiergummi
- Alleskleber, Klebestift, Heißklebepistole
- Klebepads oder Abstandsband
- wasserfester Filzstift in Schwarz
- Filz- und Buntstifte in verschiedenen Farben
- Lackmalstift in Weiß (für Lichtpunkte)
- kleine und mittelgroße Schere
- Nagelschere
- Lochzange, Zirkel
- Heftgerät (Tacker)
- Schaschlikstäbchen
- Nylonfaden, Lineal, Messer
- Cutter mit Schneideunterlage

Hinweise: Mit Rest ist immer ein Stück gemeint, das maximal A5 groß ist.

So wird's gemacht

1 Die einzelnen Motivteile ohne Überschneidungen mit Bleistift auf Transparentpapier übertragen und zuschneiden.

2 Diese Schablonen auf den farblich passenden Karton legen, mit Bleistift umranden und ausschneiden. Zum Schneiden von runden Formen eignet sich eine Nagelschere, gerade Schnitte gelingen mit einem Cutter auf einer Schneideunterlage. Kinder sollten aber nicht unbeaufsichtigt damit arbeiten.

2

3 Gesichter mit Filz- und Buntstiften aufmalen, Konturen und Wangen mit Buntstiftabrieb hervorheben. Dazu mit Messer oder Spitzer etwas Farbe von der Stiftspitze abschaben und mit dem Finger aufreiben. Die Ränder der Kleidung und andere Teile ebenso einfärben. Lichter mit weißem Lackmalstift setzen. Mithilfe des Vorlagenbogens die Einzelteile positionieren und zusammenkleben. Erhöhte Teile (z. B. Nasen, Hüte) möglichst mit Klebepads anbringen, damit die Figuren schön plastisch wirken.

3

Tipp: Alle Motive sind einfach (einseitig) gearbeitet. Wenn sie von beiden Seiten gleich aussehen sollen, müssen Sie alle Teile doppelt (einmal davon seitenverkehrt) zuschneiden. Schnell und passgenau geht dies, wenn Sie die Teile gleichzeitig aus zwei Lagen Karton zuschneiden, die vorher am Rand mit Klebefilm zusammengeklebt wurden.

Tipps & Tricks

- Gesichtslinien oder Schriften kann man mit Transparentpapier übertragen. Die Linien abzeichnen, auf der Rückseite mit einem weichen Bleistift nachfahren, auf das Kartonstück legen und mit hartem Bleistift durchpausen. Das Gesicht nun bunt gestalten.
- Zum Bemalen wird Buntstiftabrieb verwendet. Für hellen Karton einen dunkleren Buntstift verwenden (z. B. Orange auf Gelb, Dunkel- auf Hellgrün), schwarzen Karton mit weißem Buntstift gestalten. Auch schöne Kombinationen: Lila Buntstift auf Rot oder Dunkelblau auf Violett. Einfach mal experimentieren!
- Knicke im Papier am besten mit einem Falzbein oder der Schere vorritzen.
- Alle Motive sind komplett aus Fotokarton. Kleinere Teile (z. B. Flicken, Kragen) können aber auch aus Tonpapier gebastelt werden. Dieser lässt sich einfacher schneiden.
- Für eifrige Bastler lohnt sich die Anschaffung von Kreis- oder Ellipsenschablonen. Damit lassen sich exakte Augen und Münder malen.
- Löcher können mit einer Zirkelspitze eingestochen und erweitert werden. Besonders saubere Löcher stanzt eine Lochzange.

Sonnengrüße

→ Türschild und Windlicht

MOTIVHÖHE
Türschild ca. 45 cm

MATERIAL TÜRSCHILD
- Fotokarton in Gelb und Hautfarbe, A3
- Fotokartonreste in Braun und Weiß
- Transparentpapier in Gelb, A3
- Lackdraht in Schwarz, ø 0,5 mm, 10 cm, 15 cm und 40 cm lang
- Sonnenblumenkerne

WINDLICHT
- Fotokartonreste in Braun und Gelb
- Transparentpapierrest in Gelb
- Teelicht

VORLAGENBOGEN 1A

Türschild

1 Alle Einzelteile ausschneiden. Den Blütenkranz aus Karton sowie Transparentpapier zuschneiden und leicht versetzt aufeinanderkleben (Transparentpapier oben). Das weiße Oval am Rand mit gelbem Buntstiftabrieb bemalen, dann beschriften. Die Sonnenblumenkerne mit Heißkleber aufkleben.

2 Mit braunem Filzstift Punkte auf den braunen Karton malen und das weiße Oval mittig darauf anbringen. Den Blütenkranz unter dem Schild fixieren. Die fertige Sonnenblume auf den hautfarbenen Kartonkreis kleben und Löcher für Anhänger und Aufhängung stanzen.

3 Für die Anhänger den braunen Karton mit Filzstift bemalen, die Einzelteile zusammenkleben und laut Abbildung dekorieren. Löcher einstanzen. Zum Kräuseln alle Drahtstücke über ein Schaschlikstäbchen wickeln, wieder abziehen und am Schild anknoten. Die Figuren daran befestigen. Den Aufhängedraht an den beiden oberen Löchern anknoten.

Windlicht

1 Die gelbe Blume aus Karton und Transparentpapier ausschneiden. Die Transparentpapierblätter zum Wölben über eine Schere ziehen. Beide Blumenteile leicht versetzt aufeinander kleben (Transparentpapier oben).

2 Die braunen Kartonteile mit Filzstift gestalten. Den Kreis auf der Sonnenblume fixieren, die Umrandung um das Teelicht kleben. Das Teelicht mit Heißkleber auf der Blume befestigen.

Tipp: Mit dem Herz und der Sonnenblume können Sie noch mehr schmücken, z.B. eine Wäscheklammer zum Verschließen offener Samentüten oder eine Karte. Bei der gezeigten ist das Herz nur oben und unten festgeklebt, dann wird der Geldschein eingeschoben.

Herbstlich
Willkommen

Brombeermädchen

→ süßes Früchtchen

MOTIVHÖHE
große Figur ca. 32 cm
Windlicht ca. 11 cm

MATERIAL BROMBEERKIND

- Fotokartonreste in zwei Lilatönen, Hautfarbe, Weiß, Hellgrün und Gelb
- Prägekartonrest mit Rankenmuster in Flieder
- Transparentpapierrest mit Farbwirbeln in Hellblau-Flieder
- Papierdraht in Weiß, ø 2 mm, 2 x 4 cm und 1 x 20 cm lang
- Organzaband in Lila, 7 mm breit, 20 cm lang
- 7 Acryl-Halbperlen in Weiß gefrostet, ø 6 mm
- Konturenschere Rundzackenschnitt

WINDLICHT

- Prägekarton mit Rankenmuster in Flieder, A4
- Transparentpapier mit Farbwirbeln in Hellblau-Flieder, A4
- 4 Acryl-Halbperlen in Weiß gefrostet, ø 6 mm

VORLAGENBOGEN 1A

Brombeerkind

1 Alle Figurteile zuschneiden. Das filigrane Muster mit dem Cutter ausschneiden und mit Transparentpapier hinterkleben. Den Gürtel mit Lackmalstiftblättern bemalen und auf dem Kleid fixieren. Alle Halbperlen mit Heißkleber fixieren.

2 Den Kopf mit Filz- und Buntstiften bemalen, durch den Schlitz des Kragens schieben und festkleben. Die Haare von hinten ergänzen. Den Brombeerhut in Dunkelblau schattieren und an der Markierung einschneiden. Den Kopf durchschieben und von hinten ankleben. Den Hut mit lila Beeren schmücken.

3 Den Kopf sowie die mit Punkten bemalte Unterhose am Körper befestigen. Als Arme den langen Papierdraht mittig hinter den Kragen kleben und die Hände ergänzen. Die kurzen Drähte als Beine befestigen und die Schuhe daran ankleben. Das Organzaband als Schleife um das linke Handgelenk binden.

Windlicht

Die Vorlage viermal auf Karton übertragen und ausschneiden. Die vier Teile mit Transparentpapier hinterkleben, an der gestrichelten Linie anritzen und hochbiegen. Das Windlicht jeweils an den Klebekanten aneinanderkleben. Zuletzt die Halbperlen mit Heißkleber aufsetzen.

Tipp: Die kleinen Brombeerelfen werden aus Resten gebastelt. Die Körper an der Markierung einschneiden, je Arm 4 cm Papierdraht durchschieben und von hinten festkleben. Als Hand wird eine Halbperle aufgeklebt. Kopf und Hut werden wie bei der großen Figur gearbeitet und zusammen mit den Flügeln am Körper angeklebt.

Motivvariante: Mögen Sie lieber Himbeeren? Auch in Rosatönen sieht die Figur zum Anbeißen aus.

Geisterfahrer

→ rasante Fahrt im Mondschein

MOTIVHÖHE
ca. 38 cm

MATERIAL

- Fotokarton in Weiß, A3
- Fotokartonreste in Lila, Gelb, Orange und Schwarz
- Musterpapierrest in Rot mit weißen Spiralen
- 2 Wackelaugen, ø 7 mm
- Knopf in Rot, ø 1 cm
- Schaschlikstäbchen

VORLAGENBOGEN 1B

1 Alle Einzelteile zuschneiden. Den Kopf mit hellblauem Buntstiftabrieb schattieren, den Mund mit rotem Filzstift auftragen und große, rote Backen aufmalen. Die Augenbrauen, Augen und Nase mit Klebekissen aufsetzen und den Kopf auf dem Körper fixieren.

2 Die Kettenstücke nach Abbildung mit weißem Lackmal- und Buntstift gestalten. Das kurze Kettenstück hinter und das große auf dem Körper festkleben.

3 Das lila Lenkrad mit den Griffen bekleben und von hinten das mit schwarzen Punkten verzierte Gestänge ergänzen. Den Knopf mit Heißkleber anbringen. Die Pedale von hinten an das Rad kleben und dieses auf dem Gestänge fixieren.

4 Den Fledermauskörper hinter das Lenkrad setzen, den Kopf und die beiden Flügel obenauf fixieren. Die Wackelaugen mit Heißkleber anbringen. Das fertige Rad auf den Geist kleben und die beiden Hände auf den Griffen fixieren.

5 Die Flagge mit weißem Lackmalstift umranden und den mit Filzstift bemalten Kürbis aufsetzen. Die Flagge am Stab ankleben und hinter dem Geist befestigen. Zur besseren Stabilität ein Schaschlikstäbchen hinter den Stab kleben.

Wanderfuchs

→ Bin dann mal weg!

MOTIVHÖHE
ca. 37 cm

MATERIAL
- Fotokarton in Hellorange, A3
- Fotokartonreste in Blau, Hellgrün, Rot, Weiß, Schwarz und Hellblau
- Karopapierreste in Grün-Weiß
- 2 Holz-Fliegenpilze, 1,5 cm hoch
- Bindfaden in Weiß, 25 cm lang

VORLAGENBOGEN 2A

1 Alle Figurteile nach Vorlage ausschneiden und mit Buntstiftabrieb gestalten (alle orangefarbenen Teile mit Dunkelorange). Auf den Kopf das Auge, das vordere Ohr und die weiße Schnauze kleben und Mund und Braue mit schwarzem Filzstift aufmalen. Das zweite Ohr sowie die Nase ergänzen. Das Halstuch mit dem Knoten bekleben und unter dem Kopf fixieren.

2 Auf den Körper das weiße Bauchteil sowie die Schwanzspitze kleben. Die Hose mit einem gepunkteten Flicken versehen und auf dem Körper fixieren. Die Beine unter die Hose kleben.

3 Den linken Arm hinter dem Körper anbringen und den Wanderstock auf dem Arm und hinter der Hose festkleben. Obenauf die Hand fixieren.

4 Den vorderen Arm mit Klebekissen ankleben, aber die Hand dabei nicht mit festkleben. Auf dem nun fertigen Körper den Kopf fixieren.

5 Die Kastanienschale mit Buntstift gestalten und einen weißen Innenrand mit Lackmalstift aufmalen. Den Rucksack aus den zwei Teilen zusammensetzen und hinter der Kastanie fixieren. Die Räder nach Vorlage ankleben und die Holzpilze mit Heißkleber aufsetzen.

6 Zuletzt das Kastanienwägelchen mit dem Bindfaden an der vorderen Fuchshand anknoten. Jetzt kann die Reise losgehen …

Auf großer Fahrt

→ der Sonne entgegen

MOTIVHÖHE
ca. 35 cm

MATERIAL

- Fotokarton in Hellorange, A3
- Fotokartonreste in Gelb, Weiß, Hell- und Dunkelbraun, Grau, Hell- und Dunkelblau und Hellrot
- Motivpapierreste in Rot-Weiß gestreift und gepunktet
- Regenbogenkartonrest im Rot-Gelb-Verlauf
- Papierdraht in Hellgrün, ø 2 mm, 2 x 20 cm lang
- Organzaband in Blau, 7 mm breit, 20 cm lang
- Schaschlikstäbchen

VORLAGENBOGEN 3B

1 Alle Einzelteile zuschneiden. Das Blätterboot mit Buntstift kolorieren und die mit weißem Lackmalstift bemalte Welle darauf festkleben. Den Rettungsring mit roten Streifen versehen und ebenso aufkleben. Den Apfel aus Regenbogenkarton mit aufgeklebtem Stiel hinter dem Boot befestigen.

2 Den Eichhörnchenkopf mit Filz- und Buntstiften gestalten und Ohr und Nase anbringen. Die Ohren einschneiden und den Kopf auf dem Körper fixieren. Das Hemd mit blauen Streifen verzieren, auf den Körper kleben und komplett hinter dem Boot befestigen. Dahinter den Schwanz ankleben.

3 Den gestreiften Ärmel auf den Arm kleben und diesen wiederum auf dem Paddel befestigen. Den fertigen Arm auf dem Körper anbringen. Eine Schleife aus Organzaband binden und auf dem Hemd ankleben.

4 Das Mäuschen mit Filz- und Buntstift bemalen, die Nase aufkleben und das Ohr an der Markierung einschneiden. Die Mütze mit einem weißen Lackmalstift bemalen, hinter das Ohr schieben und festkleben. Das zweite Ohr von hinten ergänzen. Den Schal ankleben und die Maus hinter dem Boot fixieren, obenauf noch die Hand ergänzen.

WEITERFÜHRUNG

Auf großer Fahrt

5 Das Eichenblatt mit orangefarbenem Buntstift gestalten, mit grünen Filzstiftpunkten versehen und an den Markierungen einschneiden. Das Schaschlikstäbchen nach Abbildung durch die Schlitze schieben und unten hinter dem Apfel am Boot fixieren. An die obere Spitze eine Beere aus bemaltem Regenbogenkarton kleben.

6 Die beiden Papierdrähte mit Heißkleber oben hinter dem Segel sowie, etwas versetzt, unten hinter dem Eichhörnchen anbringen.

Fliegenpilze

→ lustiges Fensterbild

MOTIVHÖHE
ca. 36 cm

MATERIAL
- Fotokarton in Weiß, A3
- Fotokarton in Rot, A4
- Fotokartonreste in Rot, Hellgelb und Grün
- Regenbogen-Glitzerkartonrest im Gelb-Grün-Verlauf

VORLAGENBOGEN 1A+2A

1 Alle Einzelteile nach Vorlage zuschneiden. Die weißen Pilzkörper leicht mit gelbem Buntstift schattieren, rote Bäckchen aufmalen und die Münder mit Filzstift aufzeichnen.

2 Die Augen und die pinkfarbene Nase mit Klebekissen auf dem großen Pilz aufsetzen. Das hellgelbe Röckchen sowie den roten Hut von oben auf dem Körper fixieren, das Hutinnenteil von hinten ergänzen.

3 Den rechten Arm bis zur Markierung einschneiden, auf den Pilz schieben und von hinten festkleben. Den zweiten Arm von hinten ergänzen.

4 Die kleinen Pilze mit Röckchen und Hut bekleben und die Nasen anbringen. Die Augen mit Klebekissen so aufsetzen, dass sie ein wenig über dem Hut sitzen.

5 Die Pilzhüte mit vielen weißen Kartonkreisen bekleben oder als Alternative mit weißem Lackmalstift bemalen. Die Schnecke auf dem Pilzhut anbringen, das Glitzerhäuschen nach Vorlage einschneiden und auf der Schnecke befestigen.

6 Die kleinen Pilze auf dem Körper und unter den Händen des großen Fliegenpilzes festkleben.

Im Weinstock

→ Wer nascht denn da?

MOTIVHÖHE
Mobile ca. 38 cm
Stecker ca. 14 cm

MATERIAL MOBILE

- Regenbogenkarton im Lila-Blau sowie Gelb-Grün-Verlauf, A3
- Prägekarton mit Herbstmotiven in Gelb, A4
- Fotokartonreste in Weiß und Rosa
- Rundholzstab, ø 8 mm, 40 cm lang
- 2 Pompons in Grün, ø 1,5 cm
- 2 Glasschliffperlen in Lila, ø 7 mm
- 2 Glasschliffperlen in Flieder, ø 5 mm
- Papierdraht in Hellgrün, ø 2 mm, 2 x 20 cm lang
- Nylonfaden, 2 x 40 cm sowie 1 x 60 cm lang (Aufhängung)
- Acrylfarbe in Hellgrün

VORLAGEN-BOGEN 1B+2B

1 Den Rundholzstab hellgrün anmalen und trocknen lassen. Danach die Pompons an den Enden mit Heißkleber ankleben. Alle Papierteile zuschneiden. Die Trauben, Stängel und Blätter jeweils auch einmal seitenverkehrt anfertigen.

2 Den Mäuschenkopf gestalten: Den Mund dick mit lila Buntstiftabrieb bemalen, die Ohren und Backen mit Rosa auftragen. Augen und Mund mit Filzstift zeichnen und die Nase ergänzen.

3 Die Hände ebenso mit Lila bemalen und die Arme nach Vorlage zusammenkleben. Arme und Kopf auf der Hose fixieren. Den mit pinkfarbenem Buntstift geringelten Schwanz sowie die Beine unter die Hose kleben. Die Taschen auf zwei Beeren setzen und auf der Hose anbringen.

4 Die Hosenträger mit den Händen rund biegen und die Enden nach hinten klappen und am Trägerbeginn festkleben. Die Hose durch die so entstandenen Schlaufen mittig auf den Rundstab schieben und evtl. mit etwas Heißkleber befestigen.

5 Zwei Traubenblätter lochen, die kurzen Nylonfäden durchfädeln und verknoten oder von hinten ankleben. Die Perlen auffädeln und die Nylonfäden rechts und links der Maus am Rundstab anknoten.

6 Auf die Trauben mit Klebepads weitere Beeren aufsetzen und die Stängel ankleben. Den über einem Stift gekräuselten Papierdraht von hinten ergänzen. Die Stängel mit Heißkleber rechts und links der Maus am Rundstab fixieren und zwei weitere Blätter anbringen. Den Aufhängefaden hinter den oberen Blättern ankleben.

Tipp: Die Vorlagen für die beiden Mäusestecker finden Sie auf dem Vorlagenbogen 2B. An einem grün bemalten Schaschlikstäbchen wird die Traube fixiert. Die Körperteile der Mäuse, bemalt wie beim Mobile, werden dann jeweils dahinter festgeklebt.

Igelmama

→ sammelt bunte Blätter

MOTIVHÖHE
ca. 34 cm

MATERIAL
- Fotokarton in Blau, A3
- Fotokarton in Braun, A4
- Scrapbookpapier mit Holzmaserung, 30 cm x 30 cm
- Fotokartonreste in Hautfarbe, Gelb, Orange, Hellgrün
- Papierdraht in Blau, ø 2 mm, 2 x 18 cm lang
- Holz-Halbperle, ø 2,5 cm
- Holz-Fliegenpilz, 1,5 cm hoch
- Acrylfarbe in Rot
- 2 Klebepunkte in Schwarz, ø 8 mm
- Band in Weiß gepunktet, 1 cm breit, 20 cm lang
- 2 Lampionblumen, getrocknet, ca. ø 5 cm
- Motivlocher: Blume, ø 2,5 cm

VORLAGENBOGEN 2B

1 Alle Einzelteile ausschneiden. Den Körper und den Kragen vorher mit Buntstiften im Karomuster bemalen. Die Zacken am Seitenteil der Tasche umbiegen (evtl. vorher anritzen). Das Seitenteil mit den Zacken erst hinter den Rand des Holzpapiers kleben, dann die andere Seite am blauen Körper fixieren.

2 Die Halbperle mit roter Farbe bemalen und nach dem Trocknen auf dem mit Buntstiften gestalteten Gesicht befestigen. Den Kragen von unten ergänzen und den Kopf auf dem Körper fixieren.

3 Oben und in die Spitze der Lampionblumen (Stiel abschneiden!) ein kleines Loch stechen und die Papierdrähte vorsichtig durchziehen. Die Hände an den Drähten ankleben und auf der Tasche fixieren. Die Drahtenden hinter dem Körper befestigen.

4 Das Haar an der markierten Stelle einschneiden, auf den Igelkopf schieben und von hinten an Kopf und Körper ankleben. Ein gelbes Haarband aufkleben und mit Blümchen und Pilz schmücken. Das Band mittig zu einem Knoten binden und unter dem Kragen fixieren.

5 Die Igelmama mit etwas Nylonfaden aufhängen und die Tasche mit vielen herbstlichen Fundstücken oder schönen Karten füllen.

Tipp: Aus Lampionblumen mit möglichst geradem Stiel lassen sich auch kleine Figuren zaubern. Der Stiel wird hierzu zwischen zwei Kartonteilen (beim Igel sind das die Arme, bei der Eule die Flügel sowie jeweils ein kleineres Kartonstück als Rückseite) eingeklebt. Den bemalten oder mit Schnabel und Klebepunkten versehenen Kopf daran ankleben und von hinten noch eine Nylonfadenschlaufe zum Aufhängen anbringen.

Waschbär und Dreckschwein

→ Heute ist Badetag!

MOTIVHÖHE
ca. 33 cm

MATERIAL
- Fotokarton in Hell- und Dunkelbraun, A4
- Fotokartonreste in Mittelbraun (Schweineborsten), Hautfarbe, Weiß, Orange, Hellblau und Gelb
- Prägepapierrest in Rot
- Motivpapierrest in Weiß mit roten Herzen
- Naturpapierrest in Orange mit Silberranken
- 2 Strassblüten in Silber, ø 6 mm
- Knopf in Grün, ø 1 cm
- Nähgarn in Rot
- Acrylfarbe in Rot

VORLAGENBOGEN 3A

1 Alle Teile nach der allgemeinen Anleitung zuschneiden. Für den Waschbär alle dunkelbraunen Teile mit weißem Buntstiftabrieb gestalten.

2 Das Waschbärengesicht mit Filzstift bemalen und die Wangen mit Acrylfarbe aufsetzen. Das Ohr bis zur Markierung einschneiden und das dunkelbraune Fell einschieben und festkleben. Die Bademütze ebenso unter das Ohr schieben und von hinten fixieren. Die Nase ergänzen.

3 Das hautfarbene Bauchfell auf dem Körper anbringen und die Hose darauf festkleben. Den Kopf sowie den bemalten und mit Strass verzierten Hosenträger befestigen. Einen dunkelbraunen Schwanz extra anfertigen, in Streifen schneiden und jeden zweiten Streifen auf dem hellen Schwanz ankleben.

4 Den rechten Arm einschneiden, auf den Körper schieben und von hinten festkleben. Den Schwamm in die Hand kleben. Die zweiteilige Bürste auf den linken Arm setzen, die Hand obenauf ergänzen.

5 Das Wildschweingesicht mit Filzstiften gestalten und die Wangen mit Acrylfarbe aufmalen. In den Mund Schlitze schneiden. Die Zähne von hinten durchstecken und festkleben. Die Nase mit Klebepads aufsetzen und die Borstenfrisur von hinten ergänzen.

6 Das Gesicht und alle Körperteile mit braunem Buntstift „verschmutzen“ und alle Hufen mit Filzstift aufmalen. Auf den Körper die Jacke und darüber den Schal kleben. Den Knopf mit vernähtem Garn aufkleben.

7 Den Kopf auf den Körper kleben, den linken Arm bis zur Markierung einschneiden und beide Arme hinter dem Körper fixieren. Beide Figuren nebeneinander am Fenster platzieren.

Kochkatze

→ mit reicher Ernte

MOTIVHÖHE
Katze ca. 33 cm

MATERIAL KATZE
- Fotokartonreste in Weiß, Hautfarbe, Rot, Hell- und Dunkelgelb, Hellbraun und Grün
- Scrapbookpapierrest mit Karomuster in Grün
- Papierdraht in Weiß, ø 2 mm, je 2 x 8 cm (Arme) und 6 cm lang (Beine)
- Papierdraht in Gelb, ø 2 mm, 35 cm lang
- Kupferdraht, ø 1 mm, 5 x 5 cm lang
- 7 Strasssteine in Hellgrün, ø 5 mm
- Motivlocher: Stern, ø 1 cm
- Sisalrest in Gelb
- Schaschlikstäbchen

VORLAGEN-BOGEN 3A

1 Alle Teile für das Motiv zuschneiden. Den Kopf mit Filz- und Buntstiften bemalen und die rote Kartonnase mit Klebepads aufsetzen. Die Kupferdrähte mit einer Zange zu Spiralen drehen und jeweils zwei rechts und links sowie eine auf dem Kopf mit Heißkleber festkleben.

2 Die Mütze auf dem Kopf fixieren und darüber die Krempe festkleben. Einen gelben Stern mit Strassstein versehen und auf die Mütze setzen. Auf der Jacke das weiße Kartonstück und darauf sechs Strasssteine anbringen. Die Hose auf der Jacke befestigen und den Kopf ankleben.

3 Die Arme und Beine aus Papierdraht ankleben und die Füße und unteren Handteile ergänzen. Die Gemüse wie in der Abbildung mit Buntstiften gestalten und nach Vorlage auf den gelben Papierdraht kleben. An der Zwiebel einige Sisalfäden ankleben.

4 Die Gemüsekette auf die Hände kleben und die oberen Handteile ergänzen. Die Drahtenden kräuseln. Für mehr Stabilität evtl. ein Schaschlikstäbchen von hinten an die Figur kleben.

Tipps: Aus dem Gemüse können Sie auch eine Fensterkette basteln. Für die Zwiebelhaare etwas Sisal verwenden. Beim Zusammenfügen mit dem untersten Motiv beginnen, dazwischen Perlen (ø 1 cm) auffädeln und je zwei Teile gegengleich mit Heißkleber am Faden sichern. Oben eine Schlaufe binden und festkleben.

Für das Kochbuch ein dickeres A5-Heft mit Tonpapier einschlagen (ringsum 10 cm größer) und aus verschiedenen Kartonstücken ein Schild aufkleben. Haltbarer wird es, wenn man es noch in selbstklebende Bucheinbandfolie einbindet. Dazu passen mit kleinen Schildchen beklebte Briefklammern als Lesezeichen.

MAMAS REZEPT
Rezepte
PAPAS REZEPT

Hagebuttentafel

→ für herbstliche Feste

MOTIVHÖHE
Karte ca. 15 cm
Rolle ca. 5 cm

MATERIAL FÜR ALLE TEILE
- Scrapbookpapier mit Blättermuster in Hellgrün, 30 cm x 30 cm
- Transparentpapier in Hellgrün, A4
- Fotokarton in Rot, A4
- Blätter-Filzband in Hellgrün, 2,5 cm breit, ca. 50 cm lang

KERZE
- Stumpenkerze in Rot, ca. ø 5 cm, 10 cm bis 15 cm hoch

SERVIETTEN-ROLLE
- Organzaband in Rot, 1,5 cm breit, 50 cm lang
- Klebepads

KARTE
- Niete in Rot, ø 8 mm, und passendes Werkzeug

VORLAGEN-BOGEN 4A

Kerze

Aus dem Musterpapier einen 3,5 cm breiten und aus dem Transparentpapier einen 5,5 cm breiten Streifen schneiden, jeweils ca. 20 cm lang (je nach Umfang Ihrer Kerze). Das Transparentpapier mit Klebestift unter den Karton kleben. Den Streifen um die Kerze legen und die Enden mit Heißkleber fixieren. Das Filzband mittig auf den Streifen kleben. Zwei oder mehrere Hagebutten zuschneiden, mit Filz- und Lackmalstift bemalen und zwischen die Filzblätter kleben. Achtung: Ist die Kerze fast bis zur Manschette abgebrannt, sollte man diese abnehmen.

Serviettenrolle

1 Aus dem Musterpapier ein 18 cm x 18 cm großes Stück sowie zwei Seitenteile zuschneiden. Die Zacken der Seitenteile umbiegen und das erste Seitenteil mit den Zacken am Kartonstück ankleben. Ebenso das zweite Seitenteil auf der gegenüberliegenden Seite ergänzen (siehe Skizze).

2 Ein Namensschild aus Transparentpapier fertigen, mit Lackmalstift beschriften und auf die Rolle kleben.

3 Eine rote Hagebutte mit Stiften bemalen und zusammen mit abgeschnittenen Blättern vom Filzband auf dem Namensschild festkleben.

4 Die Rolle mit einer gängigen Papierserviette (und einer kleinen Beigabe, z. B. Süßigkeit, Gedichtrolle) füllen und mit zwei bis drei Klebepads verschließen. Zuletzt das Organzaband umbinden.

Karte

1 Die rote Karte zuschneiden, in der Mitte leicht anritzen und umbiegen. Das Transparentpapier mit Lackmalstift beschriften. Karte, Musterpapier und Transparentpapier jeweils mittig lochen (Lochzange), die Niete von vorne durchschieben und mit dem Nietenwerkzeug und einem Hammer einschlagen.

2 Ein Stück Filzband auf dem Musterkarton festkleben und mit Hagebutten verzieren

Tipp: Ganz schnell gemacht: Mehrere Filzblätter abschneiden und unter ein mit Papier ummanteltes Teelicht kleben.

Menü
Silke

Drago, der Vampir

→ im Kreise seiner Lieben

1 Alle Teile für Drago zuschneiden. Das Gesicht mit Buntstift gestalten und die Kartonnase aufkleben. Die Umrandung der Zähne und die Haare mit schwarzem Filzstift aufmalen.

2 Das lila Hutband mit Schnalle versehen und auf dem Zylinder befestigen. Den Zylinder auf den Kopf und diesen unter den Mantel kleben. Die beiden roten Teile sowie die linke Hand auf dem Mantel fixieren, die rechte Hand von unten ergänzen.

3 Den Kragen mit schwarzen Punkten versehen, auf die Spitzen Pompons kleben und ihn unter dem Vampirkopf platzieren. Die Beine mit rotem Filzstift bemalen und unter den Mantel kleben. Die mit Lackmalstift und Halbperlen verzierten Stiefel ergänzen.

4 Den Sarg mit schwarzem und lilafarbenem Buntstiftabrieb gestalten und einen Schlitz einschneiden, durch den die gepunktete Socke durchgeschoben und festgeklebt wird. Vampir Drago auf dem Sarg festkleben.

5 Für den Fledermausbogen die Vorlage mit weichem Bleistift auf Transparentpapier übertragen, umdrehen und mit hartem Bleistift kräftig auf den schwarzen Karton durchpausen. Dann die Vorlage wenden (vorher evtl. noch mal mit weichem Bleistift nachfahren), an der oberen Bruchkante anlegen und wieder mit hartem Bleistift durchpausen. Den Bogen nun mit einem Cutter ausschneiden.

6 Den fertigen Bogen auf den roten Karton legen, die Außenkante abzeichnen und ca. 5 mm kleiner ausschneiden. Den roten Karton hinter den schwarzen Bogen kleben und auf jeder Fledermaus zwei Augen aus Halbperlen fixieren. Die Drähte über einem Schaschlikstäbchen kräuseln und damit zwei weitere Fledermäuse am Bogen ankleben. Den Vampir innerhalb seiner Fledermäuse am Fenster platzieren.

Tipps: Der Fledermausbogen kann auch mit einem roten oder orangefarbenen Halloween-Transparentpapier hinterklebt werden.

Zum Aufkleben der Perlen ist eine Pinzette sehr hilfreich. Statt Halbperlen kann man auch kleine Wackelaugen verwenden.

MOTIVHÖHE
ca. 37 cm

MATERIAL
- Fotokarton in Rot und Schwarz, 50 cm x 70 cm
- Fotokarton in Lila, A4
- Fotokartonreste in Pink, Weiß und Orange
- 2 Pompons in Schwarz, ø 7 mm
- Lackdraht in Schwarz, ø 0,5 mm, 2 x 20 cm lang
- 40 Acryl-Halbperlen in Pink gefrostet, ø 6 mm

VORLAGENBOGEN 4A

Herbstliche Hampelmänner

→ Vogelscheuche und Rabe

MOTIVHÖHE
ca. 28 cm

MATERIAL VOGELSCHEUCHE
- Fotokartonreste in Hell- und Dunkelgrün, Hautfarbe, Orange, Hellbraun und Gelb
- Regenbogenkartonrest im Blau-Lila-Verlauf
- je 2 Deko-Musterklammern in Blütenform in Gelb und Orange, ø 1,5 cm
- Bindfaden, 1 m lang
- Holzperle in Blau, ø 1 cm
- Naturbast

RABE
- F otokartonreste in Schwarz, Rot, Hell- und Dunkelgrün, Orange und Gelb
- Regenbogenkartonrest im Rot-Verlauf
- Kartonrest in Rot-Weiß gestreift
- 4 Deko-Musterklammern in Herzform in Rot, ø 1 cm
- 2 Klebepunkte in Weiß, ø 8 mm
- Bindfaden, 1 m lang
- Holzperle in Gelb, ø 1 cm

VORLAGENBOGEN
2 B + 3 B

Vogelscheuche

1 Die Einzelteile zuschneiden. Den Kopf mit Stiften gestalten und eine Kartonnase sowie einige Basthaare aufkleben. Den Kürbishut an der Markierung einschneiden, den Kopf durchschieben und von hinten festkleben. Kürbisgrün und Stängel ergänzen.

2 Den Körper und die Hosenbeine vor dem Ausschneiden mit Buntstiftkaros bemalen. Die rechte Jackenseite mit Schlitzen versehen und die Kornblume, bestehend aus Blüte und Stiel, durchstecken und ankleben. Den Kopf auf den Körper kleben und darüber die beiden Jackenteile fixieren. Die Jackentasche ergänzen.

3 Hinter die Arme und Beine etwas Bast kleben und sie laut Vorlage lochen. Die Schuhe an den Beinen ankleben. Die Figur an den angegebenen Stellen mit der Lochzange lochen und Arme und Beine mit den Musterklammern locker damit verbinden (großes Loch).

4 Auf der Rückseite mit Bindfaden die beiden Arme verbinden (obere kleinere Löcher) und ebenso die beiden Beine. Arme und Beine sollten dabei hinter dem Körper, also nicht ausgestreckt sein. Den Zugfaden nun am oberen und unteren Verbindungsfaden anknoten und den Rest hängen lassen (siehe auch Vorlagenbogen). Am Fadenende eine Perle anknoten.

Rabe

Den Raben nach Vorlage zusammensetzen. Den Schnabel an der Markierung einschneiden und die Mohnblume durchstecken und von hinten festkleben. Die Augen sind aus Klebepunkten. Arme und Beine mit den Herz-Musterklammern anbringen und genauso wie bei der Vogelscheuche fertigstellen. Die Figuren mit Nylonfaden aufhängen.

Hexenküche

→ hier wird Zaubertrank gebraut

MOTIVHÖHE
ca. 35 cm

MATERIAL

- Fotokarton in Hautfarbe und Grau, A4
- Fotokartonreste in Schwarz, Blau, Pink, Weiß, Orange, Lila, Gelb, Hellgrün, Türkis und Hellbraun
- Regenbogenkartonrest im Gelb-Rot-Verlauf
- Transparentpapierrest mit Seifenblasen in Grün
- Krepppapierstreifen in Orange, 4 cm x 80 cm lang
- Pompon in Rot, ø 1,5 cm
- Zierschere mit Wellenschnitt, groß
- Klebepunkte in 3 x Weiß und 2 x Gelb, ø 8 mm
- 3 Strasssteine in Transparent, ø 5 mm
- Heftgerät

VORLAGENBOGEN 4B

WEITERFÜHRUNG

Hexenküche

1 Alle Einzelteile zuschneiden. Unter den Kessel das Feuer aus Regenbogenkarton kleben. Aus dem Transparentpapier Blasen ausschneiden und hinter dem Kesselrand fixieren. Die Katze mit Halsband und Klebepunktaugen versehen und mit Lackmalstift bemalen.

2 Das Gesicht der rundlichen Hexe mit Buntstiften gestalten. Die Klebepunktaugen, die Pomponnase und die mit Schnitten versehene Frisur aufkleben. Eine weitere Strähne unter dem Kopf fixieren. Gabel und Löffel durch die Schlitze der Frisur schieben und von hinten festkleben.

3 Das lila Oberteil auf dem Körper befestigen. Unter die linke Hand eine Transparentpapierflasche kleben, auf die rechte Hand ein mit Strasssteinen beklebtes Armband setzen. Den Rock mit orangefarbenen Filzstiftpunkten und Flicken verzieren und die Nähte mit weißem Lackmalstift aufmalen.

4 Für die Rüschen am Rock den Krepppapierstreifen immer wieder in drei bis vier kleine Falten legen und diese mit dem Heftgerät zusammentackern. Diesen Vorgang so lange wiederholen, bis der Kreppstreifen unter den Rocksaum passt und ihn dort mit Heißkleber festkleben. Die Rüsche mit der Zierschere ca. 1,5 cm unter dem Saum abschneiden. Zuletzt die Beine mit den aufgeklebten Schuhen von hinten ergänzen.

5 Den Kopf der zweiten Hexe ebenso mit Buntstift bemalen und die Haare aufkleben. Den Hut mit einem mit Buntstiften bemalten Hutband versehen und über den Haaren fixieren. Den Arm bis zur Markierung einschneiden, das Kleid hindurchschieben und am Oberkörper festkleben.

6 Den pinkfarbenen Saum auf dem Kleid fixieren und mit weißen Lackmalpunkten bemalen. Den weißen Streifen darüber festkleben. Die mit Filzstift bemalten und mit den Schuhen beklebten Beine von hinten ergänzen.

7 Unter den rechten Arm den Kochlöffel kleben. Die Kröte mit weißen Lackmalstiftaugen und grünem Buntstift bemalen und der Hexe in die Hand kleben. Alle Figuren nebeneinander am Fenster platzieren.

DIESES BUCH ENTHÄLT 4 VORLAGENBOGEN
Hilfestellung zu allen Fragen, die Materialien und Bastelbücher betreffen: Frau Erika Noll berät Sie.
Rufen Sie an: 05052/911858*
*normale Telefongebühren

IMPRESSUM

FOTOS: frechverlag GmbH, 70499 Stuttgart; Fotostudio Ullrich & Co., Renningen
DRUCK: frechdruck GmbH, 70499 Stuttgart

Auflage: 5. 4. 3. 2. 1.
Jahr: 2012 2011 2010 2009 2008 [Letzte Zahlen maßgebend]

ISBN 978-3-7724-3685-7
Best.-Nr. 3685